LIBERARSE DE LA ANSIEDAD INFANTIL Y EL OCD PARA NIÑOS

Tan Simple Que Incluso Tu Ansiedad Se Aburrirá: Una Caja de Herramientas para Niños de 15

ÍNDICE

PREFACIO

Vivimos en una era de abundante información pero de profunda inestabilidad. El mundo moderno promete conexión interminable pero entrega ansiedad generalizada, dejando a muchos de nosotros buscando un ancla que la tecnología no puede proporcionar. Somos hábiles en gestionar calendarios, pero a menudo nos sentimos desesperadamente ineptos al navegar una verdadera crisis: el choque inesperado, la incertidumbre persistente, la erosión silenciosa de la esperanza.

Si estás sosteniendo este libro, es probable que compartas una convicción silenciosa y ardiente: que los verdaderos secretos de la resiliencia no se encuentran en la última tendencia algorítmica o un retiro de bienestar brillante, sino que yacen enterrados más profundo, en los registros desordenados y sin filtros del pasado.

Esto no es una historia de reyes y batallas. Es una excavación de determinación. Es un viaje a través de las vidas de cinco figuras: un médico exiliado, un cartógrafo reacio, un bibliotecario silenciado, un mercenario convertido en monje, y un comerciante que desafió a un imperio, todos los cuales enfrentaron crisis tan absolutas que exigieron nada menos que una reorganización psicológica completa. Estas personas nunca buscaron la fama. Fueron los maestros de la necesidad, personas comunes llevadas a circunstancias extraordinarias que, en lugar de colapsar, encontraron una manera de forjar un núcleo interno irrompible.

¿Por qué estudiar lo olvidado? Porque los héroes ampliamente celebrados a menudo presentan una imagen depurada e inalcanzable de perfección. Sin embargo, las figuras contenidas en estas páginas ofrecen algo mucho más valioso: planos construidos a partir de escasez, dolor y presión incesante. Nos muestran que la resiliencia no es un rasgo inherente, sino un músculo desarrollado dolorosamente y con destreza a través de una acción diaria precisa y una fortaleza mental inquebrantable.

En los capítulos siguientes, volveremos a trazar sus pasos, examinando las filosofías que adoptaron, las rutinas a las que se aferraron, y las elecciones estratégicas que hicieron para preservar no solo sus vidas, sino también su humanidad fundamental cuando el mundo a su alrededor se desintegró. Traduciremos su sabiduría olvidada en marcos prácticos y aplicables a los desafíos modernos del colapso profesional, el agotamiento emocional o la incertidumbre sistémica.

Este libro es una invitación a mirar más allá de las fuentes habituales de inspiración. Te pide que reconozcas que la fuerza que buscas no es un logro futuro, sino una capacidad dormida que espera ser activada. Las grandes y duraderas lecciones sobre cómo sobrevivir—y incluso prosperar—en el caos ya han sido escritas. Comencemos el trabajo de redescubrirlas.

INTRODUCCIÓN

DESCUBIERTO: EL MAPA SECRETO PARA SILENCIAR EL TIMBRE DE ALARMA INTERNO QUE MANTIENE ATRAPADOS AL 97% DE LOS NIÑOS VALIENTES

Has recogido este libro por una razón. Puede que te sientas atraído por el título porque describe exactamente lo que está sucediendo dentro de tu cabeza.

Quizás tu cerebro a veces se siente un poco demasiado ruidoso. Puede que se sienta como una radio que no sintoniza, solo estática y ruido. ¿Susurra cosas que simplemente no te dejan en paz? Cosas que se sienten urgentes y aterradoras, incluso cuando sabes, en el fondo, que probablemente no son ciertas?

O tal vez sientes que tienes que hacer las cosas exactamente bien. Tienes que comprobar la cerradura siete veces. Tienes que asegurarte de que tus zapatos estén alineados perfectamente. Si no lo haces justo así, una pequeña y molesta campana de alarma suena dentro de ti, haciendo que tu corazón lata rápido. Ese sentimiento es real. Esa lucha es agotadora.

Aquí está el secreto más importante que necesitas saber: Muchos niños se sienten así.

No estás roto. Eres valiente.

Se necesita un inmenso valor para lidiar con un cerebro que trabaja así de duro todos los días. Pero ese vecino ruidoso, la campana de alarma interna? Podemos manejar eso.

Este libro es tu mapa secreto. No es un manual complicado; es una guía rápida escrita solo para ti. Vamos a embarcarnos en una misión secreta juntos. Vamos a nombrar los susurros. Vamos a descubrir dónde se esconde esa ruidosa campana de alarma. Y luego, vamos a encontrar tu propio botón de poder personal.

Hablaremos como amigos cercanos, compartiendo secretos alrededor de una fogata. Esto no es terapia. Solo somos nosotros. Tú y yo.

Prepárate para conocer a tu asombroso cerebro, y luego dale una pequeña y amistosa orden. Estás a punto de aprender los trucos simples y poderosos que cambian todo.

¿Listo para divertirte? Vamos a sumergirnos.

CHAPTER ONE

TU ASOMBROSO CEREBRO Y SU RUIDOSO VECINO - CÓMO EL 'SUPERCOMPUTADOR DE SEGURIDAD' SE DESCOMPONE Y GRITA '¡FUEGO!' CUANDO SOLO ES UNA VELA

Tu cerebro es la computadora más poderosa en el universo conocido. En serio. Olvida los sistemas de juego más rápidos. Tu cerebro maneja cada entrada, cada recuerdo, cada sentimiento, todo a la vez. Es asombroso.

Pero tu cerebro tiene una función central que pesa más que todas las demás: la seguridad. Es el sistema de seguridad definitivo. Está constantemente escaneando el entorno, el pasado y el futuro, tratando de calcular el movimiento más seguro para ti. Quiere que estés vivo. Quiere que seas feliz. Quiere que estés protegido.

Podemos llamar a esta parte de tu mente el Supercomputador de Seguridad.

La mayor parte del tiempo, el Supercomputador es confiable. Si ves un coche acercándose a gran velocidad, grita "¡MUÉVETE!" y tu cuerpo obedece al instante. Si hueles humo, desencadena una oleada de miedo y te dice que busques la salida más cercana.

Esa es la forma en que el Supercomputador trabaja perfectamente. Registra una amenaza real y despliega una alarma real.

Pero a veces—y esta es la razón por la que cogiste este libro—el Supercomputador tiene un fallo.

Empieza a gritar "¡Fuego!" cuando ve algo inofensivo. Ve una pequeña vela parpadeando, pero el error de software lo hace registrar un incendio de cinco alarmas.

Este es el secreto clave que necesitamos desbloquear primero: La alarma es real, pero el peligro es falso.

¿Alguna vez has tenido un pensamiento que aparece de repente? Un pensamiento extraño, aleatorio e incómodo que no invitaste?

Quizás estás caminando por la calle y tu cerebro dice, "¿Qué pasaría si de repente empiezo a ladrar como un perro?"

Quizás estás haciendo un examen y tu cerebro susurra, "¿Qué pasaría si accidentalmente escribí la respuesta incorrecta en cada línea?"

Quizás amas a alguien profundamente, y un pensamiento aterrador irrumpe sugiriendo lo contrario.

Estos se llaman pensamientos intrusivos. Simplemente irrumpen. Se cuelan en tu espacio mental sin permiso. No los elegiste. No los quieres. Simplemente aparecen.

Aquí está la cosa: Cada ser humano en el planeta tiene

pensamientos intrusivos. Millones de ellos todos los días. Es solo estática cerebral. Es el Supercomputador realizando sus diagnósticos.

Para la mayoría de las personas, el pensamiento aparece, el Supercomputador se encoge de hombros, y el pensamiento desaparece. Sin problema.

Pero si tu Supercomputador tiene ese pequeño fallo, se aferra al pensamiento. Dice, "¡Espera! ¡Ese pensamiento fue aterrador! ¡Un pensamiento aterrador debe significar un peligro aterrador! ¡Tenemos que HACER algo!"

Está respondiendo al sentimiento que el pensamiento creó, no a la realidad del propio pensamiento. Confunde una vela (el pensamiento) con un incendio forestal (el peligro).

Cuando tu Supercomputador se queda atascado así, inicia una conversación innecesaria y ruidosa. Una conversación que exige tu atención. Una conversación que roba tu paz.

Vamos a aprender a cambiar la respuesta del Supercomputador. Vamos a enseñarle que cuando grita "¡Fuego!", podemos echar un vistazo, ver la vela y decir con calma, "Gracias por la advertencia, pero yo puedo manejarlo."

¿Ese vistazo y esa respuesta calmada? Ese es tu superpoder.

REVELADO

LAS 3 SIMPLES DIFERENCIAS ENTRE LA 'ESTÁTICA CEREBRAL' NORMAL Y LA ÚNICA 'CANCIÓN ATASCADA' QUE ROBA TU LIBERTAD

Hablemos sobre el ruido.

Tu cerebro está ocupado. Siempre está haciendo ruido, como una máquina gigante funcionando 24/7. La mayor parte de este ruido es inofensivo. Lo llamamos "estática cerebral".

La estática cerebral son esas cosas raras y aleatorias que aparecen y desaparecen de tu cabeza. ¿Alguna vez has tenido un pensamiento completamente aleatorio como: ¿Y si de repente empiezo a cantar muy fuerte ahora mismo? ¿Y si tiño mi cabello de verde neón? ¿Y si mi profesor en realidad es un alienígena?

Estos pensamientos son normales. Son tontos, tal vez un poco raros, pero aparecen en la pantalla de tu mente y luego desaparecen. Rebotan. No significan nada. No se quedan.

Pero luego está el otro tipo de ruido.

Este es el ÚNICO pensamiento que no solo pasa de largo. Se establece justo enfrente de ti, coloca una silla y enciende un altavoz. Esta es la "Canción Atorada". Es esa única canción en la radio que suena y suena y suena, incluso cuando intentas desesperadamente cambiar de estación.

La sensación de una Canción Atorada es completamente diferente de la estática normal. Esta sensación de estar pegado es donde se roba tu libertad.

Aquí están las 3 diferencias simples entre la estática inofensiva y la Canción Atorada que necesitamos combatir:

1. EL FACTOR ADHERENTE.

La estática normal rebota. Es ligera y etérea. El pensamiento, "¿Qué pasaría si caminara hacia atrás todo el día?" aparece, te ríes y se va. La Canción Atorada se aferra. Es pegajosa. Se siente pesada e importante. El pensamiento: "Si no toco la perilla de la puerta tres veces, mi perro se enfermará". Intentas empujarla fuera, pero sigue regresando más fuerte. La pegajosidad es la primera señal de que tenemos un problema.

2. EL DIAL DEL DRAMA.

La estática tiene pocas repercusiones. Si te ves ridículo, ¿a quién le importa? La Canción Atorada, sin embargo, siempre aumenta el dial del drama a 11. Siempre se trata de seguridad, peligro o ser una mala persona. Te convence de que si la ignoras, algo terrible, que cambiará tu vida o devastador, sucederá. Es una reina del drama. Grita: "¡FUEGO!" cuando en realidad es solo una vela.

3. LA DEMANDA DE ACCIÓN.

Esta es la diferencia más importante. La estática cerebral es solo ruido; no te pide nada. La Canción Atorada es un jefe demandante. Susurra: "Necesitas revisar las luces", y luego exige una acción (un ritual o compulsión) para que el miedo desaparezca. Si un pensamiento llega a tu cabeza y luego grita inmediatamente: "HAZ ALGO AHORA MISMO PARA QUE DEJE DE SONAR", estás escuchando oficialmente la Canción Atorada.

No estamos preocupados por tu estática cerebral normal y rara. Nos estamos enfocando en la canción que exige que revises la cerradura 14 veces. Esa es la que roba tu tiempo y tu paz. Esa Canción Atorada es de lo que vamos a aprender a ignorar, comenzando ahora mismo.

* * *

LA RAZÓN CHOCANTE POR LA QUE TUS PALMAS SUDAN Y TU CORAZÓN ACELERA INCLUSO CUANDO NO HAY TIGRE A LA VISTA (EL MECANISMO DE ALARMA FALSA)

Conoces esa sensación, ¿verdad? Esa sacudida repentina y extraña que recorre todo tus brazos.

Tu estómago se retuerce como una toalla mojada. Tu corazón late como un solo de batería muy entusiasta. A veces tus palmas se vuelven resbaladizas y húmedas, como si acabases de sostener un trozo de hielo.

Este es el sonido del sistema de alarma de tu cuerpo. Esta sensación física es lo que llamamos ansiedad. Es fuerte. Es molesta. Vive dentro de tu cuerpo, pero recuerda esto: No eres tú. Es solo una sensación, y siempre tiene una razón.

¿Por qué actúa tu cuerpo así?

Tu cerebro está equipado con un programa de seguridad muy antiguo y muy fuerte. Ha estado funcionando desde los días de las personas de las cavernas. Su trabajo es simple: mantente vivo.

Cuando una persona de las cavernas veía a un tigre masivo y hambriento, ese cerebro tuvo que reaccionar instantáneamente. Tuvo que activar un interruptor. RÁPIDO.

Este interruptor es el sistema de Luchar, Huir o Congelarse. Inunda tu cuerpo con supercombustible—lo llamamos adrenalina.

La adrenalina hace que tu corazón se acelere. Necesita bombear sangre extra a tus músculos de las piernas para que puedas correr. Te hace sudar. Este es tu cuerpo intentando refrescarse antes de la gran y rápida pelea. Este es un sistema brillante. Cuando hay un tigre real.

Pero aquí está el sorprendente giro: No hay tigre en tu aula. No hay oso parado junto a tu escritorio esperando que entregues tu ensayo.

Sin embargo, tu cuerpo actúa exactamente igual. Corazón acelerado. Palmas empapadas. Respiración tensa.

Tu cerebro ha activado una alarma falsa.

Ve el ligero pensamiento preocupante sobre un pomo de puerta, o un pequeño error en tu tarea, y debido a que la Supercomputadora de Seguridad tiene fallos, interpreta esa pequeña preocupación como una amenaza a tu vida.

No verifica los hechos. Solo grita: "¡TIGRE! ¡TIGRE! ¡ACTIVAR PODER TOTAL!"

Por eso a veces te sientes físicamente mal cuando los pensamientos aterradores aparecen. Tu cuerpo piensa que está corriendo por su vida cuando en realidad, solo estás sentado en una silla.

La sensación física es 100% real. El nivel de amenaza es 0% real.

La ansiedad que sientes en tu cuerpo es solo el eco de un malentendido. Es solo la intensidad de una alarma falsa. Una vez que sabes esto, puedes mirar tus manos sudorosas y simplemente decir: "Buen intento, alarma falsa. Sé que estás mintiendo."

* * *

EL FENÓMENO DEL 'PENSAMIENTO PEGAJOSO': CÓMO SEPARARTE INSTANTÁNEAMENTE DE LA SUSURRANTE MENTIRA QUE EXIGE QUE REVISES LA CERRADURA 14 VECES

¿Alguna vez has tenido un pensamiento que simplemente no se despega? No es solo una chispa divertida y aleatoria, como las que hablamos antes. Este tipo de pensamiento es como superpegamento. Se aferra y se niega a dejarlo ir.

Estos pensamientos ultrapegados los llamamos obsesiones.

La obsesión es el susurro que se siente urgente. Hace que tu ritmo cardíaco suba un poco. Te hace sentir que si no le prestas atención, algo verdaderamente terrible ocurrirá. Se siente importante porque tu cerebro está usando el miedo para captar tu atención.

Piense en la revisión de la cerradura. El susurro podría decir: "No apagaste completamente el interruptor de la luz. Debes revisarlo ahora mismo. Si no lo compruebas perfectamente, la mala suerte te seguirá todo el día."

Es un mandato disfrazado de advertencia. Se siente como una verdadera emergencia. Este es el sello distintivo de un pensamiento pegajoso. Exige una respuesta, y exige perfección.

Pero aquí está la cosa más crucial que aprenderás sobre los pensamientos pegajosos: El susurro suele ser un mentiroso.

No está prediciendo el futuro. No te está dando información especial. Es solo un cable defectuoso en tu sistema de seguridad que sigue enviando el mismo mensaje falso: ¡PELIGRO! ¡PELIGRO!

El paso más importante que puedes dar ahora mismo es separarte instantáneamente de esa voz.

Eres el niño asombroso que lee libros, que ama a su familia, que se esfuerza en la escuela.

El pensamiento pegajoso es solo ruido.

Cuando el susurro aparece, intenta verte como separado de él. Imagina que estás sentado en una silla cómoda, mirando una pantalla de televisión. En esa pantalla, el susurro está reproduciéndose en repetición. Lo escuchas, pero no te está tocando. Es solo una imagen en una pantalla.

Eres el observador. Eres el jefe. No eres el susurro.

Esta separación es lo que roba el poder. Cuando reconoces que el pensamiento es un "eso"—algo externo, algo separado—dejas de tratarlo como una parte de ti que debe ser obedecida.

El susurro dice: "Revisa la cerradura 14 veces."

Tú, el jefe, observas: "Oh, eso es solo el Susurro Mentiroso. Está pegajoso hoy."

Escuchamos el pensamiento, pero no obedecemos sus mandatos. Así es como comenzamos a dar los primeros pasos fuera del ciclo. No eres el miedo. Eres la persona valiente que observa el miedo.

CHAPTER TWO

LA PATRULLA DEL CICLO: MAPEANDO EL SECRETO CICLO DE 4 PASOS QUE ATRAPA TU CEREBRO (Y EL TRUCO DE 5 MINUTOS PARA ROMPERLO)

Ya conocimos tu increíble cerebro. Hablamos sobre su ruidoso y defectuoso software de seguridad. Ahora necesitamos mirar más de cerca. Necesitamos ver cómo la falla te atrapa.

No es solo un pensamiento ruidoso. Es un ciclo. Es una rueda giratoria en la que tu cerebro se queda atrapado. Lo llamamos La Patrulla del Ciclo. Este ciclo tiene cuatro paradas distintas.

Si puedes nombrar las cuatro paradas, puedes escapar del ciclo. Conocer el mapa es tu primer gran truco.

Paso 1: El Pensamiento Pegajoso (Obsesión)

Comienza en silencio. Un solo susurro.

¿Alguna vez has tenido un pensamiento que simplemente aparece?

Una repentina sensación de duda.

¿Y si dejé la estufa encendida?

¿Y si accidentalmente toqué algo sucio?

¿Qué pasaría si dijera lo incorrecto?

Este pensamiento se siente real. Se siente importante. Es pegajoso. No se desvanece. Exige tu atención. Esta es la obsesión. Esta es la puerta trampa.

Paso 2: La Alarma de Incendio (Ansiedad)

El pensamiento pegajoso presiona el botón de pánico.

Instantáneamente, tu cuerpo reacciona.

Tu corazón late con fuerza.

Tu estómago se contrae con fuerza.

Tus palmas se ponen sudorosas y calientes.

Esto es ansiedad. Es pura energía del miedo. Es tu cerebro gritando: ¡Peligro! ¡El peligro se acerca! Este sentimiento incómodo y aterrador exige que actúes ahora. Te dice que soluciones el peligro de inmediato. Este es el combustible para todo el ciclo.

Paso 3: La Solución Rápida (Compulsión)

La alarma de incendios grita demasiado fuerte.

Tienes que apagarla.

Sigues las instrucciones del miedo.

Revisas la estufa tres veces.

Te lavas las manos hasta que están rojas.

Organizas tus juguetes perfectamente.

Le preguntas a mamá: "¿Estás segura de que está bien?" cinco veces.

Esta acción es la compulsión. Es el ritual. Estás intentando corregir el pensamiento aterrador con tu cuerpo o tus palabras. Esta es la trampa astuta.

Paso 4: El Botón de Reinicio (Alivio Temporal)

El ritual ha terminado.

¿Qué pasa después?

Una sensación de calma te inunda.

Ahhh. Alivio.

La alarma de incendios se ha calmado.

La ansiedad disminuye rápidamente.

Tu cerebro piensa: ¡Eso funcionó! ¡El ritual me salvó!

Esta calma se siente maravillosa. Pero solo dura unos minutos.

El alivio es una mentira. Es el botón de reinicio.

Porque tu cerebro acaba de aprender algo terrible.

Aprendió que el pensamiento original (Paso 1) debe haber sido un peligro real. ¿Por qué más necesitarías hacer el ritual (Paso 3)?

Aprendió que la única manera de sentirse seguro es realizar la compulsión.

Así que, el cerebro olvida el alivio rápidamente. Olvida la calma.

Recuerda el peligro. Recuerda el ritual.

El miedo vuelve lentamente.

El susurro regresa, más fuerte esta vez: Mejor revisa la estufa otra vez. Solo por si acaso.

Y el ciclo empieza de nuevo. Pensamiento. Miedo. Ritual. Alivio. Reinicio.

Estás atrapado en La Patrulla del Ciclo.

Este es el secreto ciclo de 4 pasos que roba tu libertad. Te hace hacer cosas que no quieres hacer.

Pero ahora ves el camino. Conoces el mapa. Sabes dónde están las paradas.

Este mapa es poderoso. Una vez que ves a La Patrulla del Ciclo en acción, puedes interrumpirlo. Puedes romper el ciclo. Puedes rechazar el Paso 3.

Detenemos la solución rápida. Dejamos que la alarma de incendios suene.

Ahí es donde encontramos nuestro poder.

* * *

LA PRUEBA DE ELECTRICIDAD ESTÁTICA: POR QUÉ ESTOS 4 TIPOS DE PENSAMIENTOS ATERRADORES NO TIENEN PODER—A MENOS QUE COMETAS ESTE ERROR CRUCIAL

¿Recuerdas la estática del cerebro de la que hablamos? ¿El ruido aleatorio? Estos pensamientos aterradores —los que se quedan pegados—son solo el tipo más agresivo de estática cerebral. Se sienten como un enorme rayo, pero están más cerca de una pequeña descarga que obtienes al tocar un pomo de metal en invierno. Molesto. Sorprendente. Pero cero vatios de poder real.

Necesitamos mirar la estática y reconocerla por lo que es: ruido.

Estos pensamientos normalmente caen en cuatro categorías principales. Escucha atentamente para ver si alguno de estos te suena familiar.

1. La Estática de Seguridad/Dañosa

Esta es la estática que intenta hacerte el héroe o el villano. Se trata de ser responsable por algo terrible que suceda.

Susurra: "¿Realmente apagaste la luz? Si no vuelves a revisar el interruptor tres veces, toda la casa se incendiará."

Exige: "Pensaste una palabra hiriente sobre tu amigo. Si no repites una buena palabra cinco veces ahora mismo, herirás sus sentimientos para siempre."

2. La Estática de Contaminación

Esta estática se trata de sentirse sucio o temer enfermarse. Es el susurro que hace que el mundo parezca cubierto de un peligro invisible.

Grita: "Esa silla en la que te sentaste fue tocada por alguien que estaba enfermo la semana pasada! Debes frotar tus manos hasta que estén rojas."

Exige: "Si esta toalla toca el suelo, se arruinará para

siempre. Necesitas lavarla en agua extra caliente de inmediato."

3. La Estática de Simetría/Perfección

Esta estática no le importa el desastre; le importa el orden. Las cosas deben estar "justo bien." Si no son perfectas, el sentimiento es de intensa angustia.

Insiste: "Los lápices en tu escritorio no están perfectamente paralelos. Si no los arreglas, no podrás concentrarte en tu tarea."

Ordena: "Pasaste sobre la grieta en la acera con tu pie derecho primero, ¡pero se suponía que debías usar el izquierdo! Ahora debes volver y arreglarlo."

4. La Estática de Mala Suerte/Moral

Esta estática conecta cosas no relacionadas. Usa números secretos, rituales o colores específicos para alejar la mala suerte.

Advierte: "Hoy viste el número cuatro. Eso es mala suerte. Tienes que tocar el marco de la puerta siete veces antes de salir de esta habitación."

Juzga: "No eres una buena persona a menos que confieses cada pequeño pensamiento que has tenido hoy. Si no lo haces, eres secretamente un mal niño."

Estos cuatro tipos de estática son FUERTES. Son urgentes. Suenan como los mensajes más importantes que tu cerebro ha entregado jamás.

La Prueba de Electricidad Estática

La increíble verdad sobre cada pensamiento listado

anteriormente es esta: Tienen absolutamente, totalmente, cien por ciento CERO poder.

Son solo estática. Son chispas eléctricas de ruido rebotando en tu increíble cerebro. Pueden saltar y parpadear y exigir tu atención.

Pero aquí está el error crucial—la única cosa que les da poder real: Reaccionar a ellos.

Cuando escuchas el pensamiento ("¡Ve a revisar la cerradura!") y haces la acción (revisar la cerradura), estás enchufando la estática en el tomacorriente. Le estás dando energía a la chispa. Le dices a tu cerebro: "¡Sí! ¡Ese pensamiento era importante! ¡Debo prestarle atención!"

Ese es el momento exacto en que la estática se convierte en un motor.

El poder del pensamiento no está en el susurro en sí. El poder está en tu respuesta.

Si dejas que la estática parpadee y no haces nada—si solo observas las chispas—se desvanecen. No tienen a dónde ir. No encuentran nada en lo que conectarse. Siguen siendo ruido inofensivo.

Tu poder radica en mantener ese enchufe fuera del tomacorriente. Escuchas el ruido, pero te niegas a alimentar el motor. Eres el jefe de la fuente de energía.

* * *

POR QUÉ TU RITUAL DE 'SOLUCIÓN' DE 5 MINUTOS ES EN REALIDAD LA TOMA ASTUTA QUE HACE QUE EL SUSURRO REGRESE MÁS FUERTE

CUANDO EL PENSAMIENTO PEGAJOSO TE GRITA, TU CEREBRO salta a la atención. Quiere solucionar el problema. Ahora mismo.

Sentirás un impulso repentino y fuerte: "¡Haz esto! ¡Ahora! Todo estará seguro si solo haces esta acción."

Esta acción es la compulsión. Es tu ritual de 'solución' de cinco minutos.

Quizás sea repetir una frase hasta que las palabras suenen perfectas en tu mente. Quizás sea alinear todos los lápices en tu escritorio en el orden exacto. Quizás sea hacer que tu padre responda la misma pregunta tres veces.

Este es tu intento de hacer que el miedo se vaya instantáneamente.

Y aquí está la parte complicada: ¡funciona!

Por unos cinco minutos.

Cuando terminas el ritual, hay una oleada de calma. Ahhh. El alivio te inunda. Te sientes seguro. Has resuelto el problema. Te sientes como un héroe.

Pero esa oleada de alivio es una trampa astuta y dañina.

El momento en que completas el ritual, estás enviando un mensaje falso a tu poderosa Supercomputadora de Seguridad. Le estás mintiendo a tu cerebro.

Le estás diciendo: "¡Gracias, cerebro! ¡Tenías razón en preocuparte! Ese pensamiento era un peligro real y terrible. ¡El ritual nos salvó!"

Tu cerebro toma nota. Piensa: "Guau, revisar la cerradura 14 veces nos mantuvo vivos. Debemos recordar eso."

Entonces, ¿qué sucede la próxima vez que aparece el pensamiento?

El cerebro está convencido de que el peligro es real, porque la última vez actuaste como si fuera real. Así que ahora, el susurro regresa más fuerte. Exige 15 revisiones, no 14.

El ritual no es una solución. Es una pequeña dosis de veneno.

Se siente bien en el momento porque satisface el pánico inmediato, pero le enseña a tu cerebro que la obsesión era correcta y necesitaba una solución. La compulsión alimenta el susurro. Echa combustible al fuego.

Tu cerebro no está intentando hacerte daño. Está confundido. Ve la acción (compulsión) seguida inmediatamente por el sentimiento de seguridad (alivio). Conecta las dos cosas equivocadas.

Erróneamente piensa: Acción = Seguridad.

En realidad, debería ser: No Ritual = Verdadera Seguridad.

Tenemos que enseñarle a nuestro cerebro que su solución de "arreglarlo" es en realidad lo que mantiene viva el miedo. Tenemos que aprender a resistir el impulso. Tenemos que dejar de caer en la trampa.

* * *

CONSEJO 1: PAUSAR Y NOMBRAR EL PATRÓN: CÓMO DARLE UN NOMBRE ESTÚPIDO AL MONSTRUO ROBA INSTANTÁNEAMENTE EL 80% DE SU PODER

El primer paso para ganar el juego es dejar de jugar según las reglas del matón.

El matón cerebral ama la velocidad. Grita un pensamiento aterrador y exige una acción instantánea. No te da tiempo para pensar. Solo quiere que saltes a la compulsión—lavando, revisando, arreglando, repitiendo.

Cuando esa rueda comienza, cuando ese susurro familiar te golpea fuerte, tu primera y más esencial tarea es simplemente detenerte.

Pausa.

Ahora mismo, no pienses en pelear contra el pensamiento o en arreglar el problema. Solo pausa por una respiración completa.

¿Qué sucede en tu cuerpo cuando haces eso? Podrías notar una oleada de calor, o un nudo apretado formándose justo debajo de tu pecho. Tus manos podrían sentirse inquietas, instándote a moverte. Esa tensión, esa oleada—esa es la onda de ansiedad. Ese es el sentimiento del patrón intentando activarse.

Al pausar, estás arrojando una llave inglesa en la máquina.

Ahora, le damos al patrón un nombre.

Si no nombras el patrón, se siente como un secreto gigante y peligroso que solo tú conoces. Se siente como una verdadera emergencia. Pero en el momento en que lo etiquetas, se encoge. Se convierte en un objeto que puedes mirar, no en un monstruo del que estás huyendo.

En lugar de pensar, "Tengo que revisar ese interruptor de luz ahora mismo o algo malo va a suceder," te dices a ti mismo en silencio:

"Ese es un Pensamiento Atorado."

"Ese es el Patrón de Bucle activándose."

"Ese es el Impulso de Compulsión."

Incluso puedes darle al patrón entero un nombre ridículo y tonto, como "El Waffle de Preocupación" o "Frank el Monstruo Incesante."

"Oh, mira," piensas, observando el impulso surgir. "Frank está de vuelta otra vez. Quiere que vuelva a leer ese párrafo por quinta vez."

No tienes que hacer lo que dice Frank. Solo le pusiste un nombre.

Cuando nombras el patrón, mueves tu relación con el pensamiento de "Soy esta emergencia" a "Estoy observando esta emergencia." Te separas del susurro.

Esto es crítico: Un pensamiento que puedes observar, nombrar y etiquetar es un pensamiento que puedes controlar. Un pensamiento que te controla es un pensamiento que se siente sin nombre y urgente.

Acabas de robar el 80% del poder del monstruo porque expusiste su truco. Ya no es una amenaza aterradora y única. Solo es "Frank," y Frank es molesto, pero predecible. Sabes exactamente lo que Frank va a decir a continuación, y decides si lo escuchas o no.

Recuerda: La conciencia en sí misma es el truco. Pausa. Nombra el patrón. Y solo observa cómo la urgencia se desinfla inmediatamente.

CHAPTER THREE

EL JUEGO DE LA ABURRIMIENTO: LA ESTRATEGIA CONTRAINTUITIVA QUE HACE QUE EL MATÓN CEREBRAL RECOJA Y SE VAYA (PORQUE TE NIEGA A DEFENDERTE)

ESTE ES EL MOMENTO EN QUE CAMBIAMOS LAS REGLAS DE todo el juego.

En los primeros dos capítulos, aprendimos los nombres de los jugadores: el pensamiento pegajoso (la obsesión) y el ritual de fijación (la compulsión). Vimos cómo se alimentan entre sí en un bucle.

Ahora, vamos a hacer que ese bucle tenga hambre.

Tu matón cerebral—esa voz exigente que dice, "¡Revísalo de nuevo!" o "¡Piensa en esa cosa mala hasta que te sientas seguro!" ama una buena pelea. Si discutes con él, gana. Si intentas demostrar que está equivocado, gana. Si pasas cinco minutos revisando la cerradura, gana.

¿Por qué? Porque pelear le da energía al pensamiento. Le dice al matón, "¡Vaya, esto debe ser realmente importante si este chico está gastando toda su energía en esto!"

Hemos terminado de darle energía. Vamos a jugar el Juego de la Aburrimiento.

El objetivo del Juego de la Aburrimiento no es deshacerse del pensamiento. Eso es imposible; los cerebros piensan. El objetivo es hacer que el pensamiento sea tan increíblemente aburrido que la parte de tu cerebro que lo genera se encoja de hombros y diga, "Bueno, esto ya no es divertido," y se aleje.

Imagina que un vendedor muy ruidoso y molesto llama a tu puerta.

Escenario A: Abres la puerta y gritas, "¡Vete! ¡Tus ideas son estúpidas! ¡Te odio!" El vendedor acaba de obtener la energía que necesitaba. Volverá más ruidoso mañana.

Escenario B: Abres la puerta, los notas, y dices, "Te veo," luego cierras la puerta en silencio y vuelves a lo que estabas haciendo. No peleaste. No discutiste. Ni siquiera interactuaste. Simplemente dejaste que existieran sin reacción. El vendedor piensa, "Esta persona es aburrida," y se va a buscar a alguien que le dé una buena pelea.

Este es el poder de la no-reacción.

Cuando aparece un pensamiento aterrador o pegajoso, es un gran esfuerzo mental no realizar el ritual. Se siente urgente. Se siente como ignorar una alarma de incendio. Pero recuerda: la alarma está rota. Estamos practicando la aceptación radical.

¿Cómo se ve la aceptación radical?

Se ve como dejar que el pensamiento se quede ahí, como ese coche aparcado fuera de tu casa. Sabes que está ahí. Puedes ver el coche. Es molesto que esté ocupando espacio. Pero no sales a intentar moverlo. No le rayas. Simplemente dices, "Oh, mira, ahí está ese pensamiento de nuevo," y continúas con tu día.

El pensamiento no eres tú. El pensamiento no es una orden. El pensamiento es solo información, como la estática en una radio, y tienes el poder de decidir cuánta importancia le asignas a esa estática.

Si no tomas acción—si no luchas contra él, discutes con él, o realizas un ritual—el pensamiento eventualmente pierde su poder pegajoso. Simplemente se convierte en otro aburrido ruido de fondo.

Esta estrategia requiere un inmenso valor. Vas a sentirte incómodo. Vas a sentir ansiedad. Este sentimiento es totalmente normal, y es una señal de que el Juego de la Aburrimiento está funcionando. La ansiedad es el matón intentando desesperadamente que luches.

Vamos a mantener la línea. Vamos a aburrirnos. Vamos a ganar al negarnos a jugar el juego del matón. Prepárate para tu primera verdadera prueba de poder.

* * *

CONSEJO 2: LA RESPUESTA DE 'LO QUE SEA': LA SENCILLA FRASE DE 2 PALABRAS QUE PRUEBA QUE NO TIENES MIEDO Y DETIENE TU CEREBRO EN SECO

ESTA ES TU ARMA SECRETA MÁS PODEROSA.

Solo tiene dos palabras de largo.

La Respuesta de Lo Que Sea.

Tu cerebro te está gritando de nuevo. Grita cosas como, "¡Te perdiste un lugar al lavarte las manos!" o "¡Tienes que volver a leer esa oración exactamente bien!"

Tu cerebro exige urgencia. Exige que escuches.

Vamos a darle cero respeto.

Cuando el susurro llega, respóndele. En voz alta en tu cabeza, o tal vez solo lo digas.

Lo que sea.

Eso es todo. Esa es toda la estrategia.

Se siente extraño al principio. Se siente un poco rebelde. Como si estuvieras contestando a un maestro que siempre ha sido demasiado estricto.

Pero recuerda: No estás contestando a una verdadera autoridad. Estás contestando a una parte defectuosa de tu propio cerebro computadora.

El pensamiento dice, "¡Si no repites esa frase, algo malo va a suceder!"

Dices, "Lo que sea."

Así es como robas el poder del pensamiento.

El miedo es el combustible para todo el bucle de ansiedad. Cuando te niegas a reaccionar con miedo, cortas el suministro de combustible.

Cuando dices "Lo que sea," estás señalando a tu Supercomputadora de Seguridad: No tengo miedo de este ruido.

Si un verdadero oso apareciera, no dirías "Lo que sea," ¿verdad? Correrías.

El hecho de que puedas decir "Lo que sea" prueba que el pensamiento es solo electricidad estática. Prueba que no hay un verdadero oso.

Detiene el impulso instantáneamente.

Forza al pensamiento matón a confrontar tu indiferencia. Y a los matones no les gusta la indiferencia.

Sigue practicando esta respuesta. Es grosera, es simple, y funciona más rápido que casi cualquier otra cosa para probarle a tu cerebro que el ruido es solo ruido.

Estás llegando a la pelea con un bostezo. Y eso, amigo mío, es cómo se gana.

* * *

CONSEJO 3: LA NUBE FLOTANTE: EL TRUCO DE VISUALIZACIÓN INSTANTÁNEA QUE CONVIERTE TU PEOR MIEDO EN UNA LEJANA Y INOFENSIVA NUBE BLANCA ESPONJOSA

A veces, un pensamiento es tan urgente y tan cercano que parece estar vibrando justo detrás de tus ojos. Exige acción. Grita que tienes que arreglar algo, revisar algo, o repetir algo ahora mismo.

Cuando el pensamiento se siente pegajoso, no luchamos contra él. Luchar le da energía. En su lugar, usamos la distancia. Vamos a llevar ese pensamiento urgente y pegajoso y darle un paseo lejos, hacia la atmósfera.

Esto es el Flote Nublado. Es un truco rápido y calmado para mostrarle a tu cerebro que el susurro aterrador no es una orden; solo es ruido.

Cuando el pensamiento pegajoso aparece—el que dice, "Debo lavarme las manos de nuevo," o "Algo terrible sucederá si no toco la puerta tres veces"—detente. Cierra los ojos, o simplemente deja que tu mirada se suavice.

Ahora, imagina el cielo más azul que has visto. Es enorme y tranquilo. Allá arriba, una nube blanca, brillante y esponjosa se desliza lentamente.

Toma todo el pensamiento aterrador—la oración completa, toda la demanda—y escríbelo mentalmente en el lado de esa nube. Puedes usar letras grandes, tontas y oscuras. Las letras están definitivamente ahí, y definitivamente puedes leerlas.

Ahora, observa la nube.

Estás sentado tranquilamente en el césped. La nube se está moviendo. No se mueve rápido, pero se mueve de manera constante.

No agarres la nube. No saltes sobre la nube. No intentes borrar las palabras. No discutas con las palabras escritas en la nube.

Simplemente la observas flotar.

Estás presenciando el pensamiento moverse a través de tu mente, como el tráfico moviéndose por una carretera lejos de tu casa. Aún está ahí, pero se está volviendo más pequeño. Se está volviendo más silencioso.

Nota la sensación de distancia.

La nube está flotando más allá del sol. Notas la forma de los bordes esponjosos. Notas cómo la luz la golpea. Tu enfoque está en observar el movimiento de la nube, no en las palabras urgentes escritas en ella.

Este proceso se llama defusión del pensamiento. Le estás mostrando a tu cerebro, química y físicamente, que puedes ver la información aterradora sin necesitar huir o arreglarla. El pensamiento sigue presente, pero ahora es inofensivo y distante. Está fuera de alcance. Es solo una nube blanca y esponjosa, y seguirá flotando fuera de tu vista.

No eres el miedo. Eres el observador silencioso, sentado en el césped, observando el cielo. Estás tranquilo, y el cielo es infinito. Sigue observando hasta que el pensamiento se sienta completamente distante y silencioso.

* * *

HACK 4: PROGRAMANDO TIEMPO DE PREOCUPACIÓN - LA SENCILLA VENTANA DE 5 MINUTOS QUE TE PONE A TI A CARGO DEL RELOJ, NO LA OBSESIÓN

Imagina que estás tratando de estudiar para un examen. De repente, ese vecino ruidoso—tu pensamiento atorado—golpea su mano en tu escritorio y grita, "¡PARA! ¡Debes preocuparte por esa cosa que mencioné antes! ¡AHORA MISMO!"

Normalmente, dejas todo y entras en pánico. El matón ha ganado, y dicta tu horario.

Pero hemos terminado con eso. Le estamos dando al matón cerebral una pequeña franja de cita específica. Es una fecha en el calendario que tú controlas. Este es el movimiento de poder definitivo.

Aquí está el trato: Si tu cerebro insiste en repasar una lista de miedos, no luchas contra ello. No intentas hacer que los pensamientos desaparezcan. Simplemente les dices, "Gracias por avisarme. Eso suena como una preocupación muy importante. He programado cinco minutos de tiempo de preocupación dedicado para ti hoy a las 4:30 PM. Escríbelo y vuelve entonces."

¿Cuándo aparece el pensamiento a las 11:00 AM? "Aún no. Ve a sentarte."

¿Cuando el pensamiento intenta colarse a las 2:00 PM? "Lo siento, el horario está completo. Te tengo programado para las 4:30 PM."

Literalmente estás poniendo tus preocupaciones en espera. Eres el recepcionista, y los pensamientos pegajosos son clientes molestos e impacientes esperando su turno. Tú decides cuándo pueden hablar.

¿Por qué funciona esto tan brillantemente? Cambia toda la dinámica de poder.

La obsesión prospera en la urgencia. Necesita que creas que si no lo abordas ahora mismo, algo catastrófico sucederá. Al retrasarlo, incluso por unas pocas horas, demuestras dos cosas poderosas a tu cerebro:

1. Estoy a cargo de mi reloj.
2. El mundo no se acabó solo porque esperé.

Y aquí está la broma secreta: Cuando finalmente llegan las 4:30 PM, y te sientas para comenzar tus cinco minutos de preocupación dedicados, la preocupación a menudo se siente totalmente diferente. Ha perdido su fuerza. Es como un globo que se ha desinflado lentamente mientras espera su cita. Te sientas allí, listo para entrar en pánico, y a veces solo te encoges de hombros y piensas, "Espera, ¿sobre qué se suponía que debía preocuparme otra vez?"

Has robado la urgencia inmediata, y la urgencia es lo único que le daba poder al pensamiento atorado. Eres el jefe, y tu calendario dice que no hay tiempo para matones cerebrales hasta las 4:30 PM en punto.

CHAPTER FOUR

HERRAMIENTAS PARA EL CUERPO: 3 HACKS SENSORIALES PARA BAJAR LA ALARMA DEL FUEGO FÍSICO CUANDO TU CUERPO ESTÁ GRITANDO PÁNICO

Tu cerebro puede ser la sede del vecino ruidoso—el que sigue susurrando cosas aterradoras—pero el cuerpo es donde el vecino organiza la fiesta.

Piénsalo así: cuando ese pensamiento ansioso golpea, tu Supercomputadora de Seguridad (la que mencionamos en el Capítulo 1) no solo envía un memo. Presiona el gran botón rojo de pánico. Ese botón envía una carga eléctrica directamente a tu sistema nervioso.

Lo sientes al instante.

Tu aliento se detiene. Tu pecho se aprieta. Tus músculos se tensan, listos para correr aunque tus pies estén pegados al suelo. Quizás tus palmas están sudorosas. Quizás tu mandíbula duele porque la estás apretando sin darte cuenta.

Este es tu cuerpo gritando, "¡Estamos en peligro! ¡El tigre viene!"

El problema es que, si tu cuerpo está convencido de que un tigre viene, es imposible usar las herramientas silenciosas y lógicas que aprendimos en el último capítulo. No puedes decirle a tu cerebro, "Lo que sea," cuando tu corazón está golpeando un solo furioso contra tus costillas.

Entonces, tenemos que comenzar con el mundo físico. Tenemos que demostrarle a nuestro cuerpo, usando hechos fríos y duros (los hechos proporcionados por tus cinco sentidos), que, en realidad, estás a salvo. Justo aquí. Justo ahora.

El cuerpo es mucho más fácil de dominar que el cerebro. Si podemos bajar el volumen en la alarma de incendio física, el cerebro generalmente se reclina, se encoge de hombros y dice, "Oh, supongo que no estamos en peligro inmediato después de todo," y comienza a calmarse.

Estos próximos tres hacks son todos sobre el poder físico. Son herramientas de enraizamiento. Son tus armas secretas para secuestrar el ciclo de pánico antes de que se te escape de las manos. Prepárate para ponerlas en práctica de inmediato.

* * *

HACK 5: LA RESPIRACIÓN CUADRADA: EL SECRETO CONTROL REMOTO 4X4 QUE FORZA INSTANTÁNEAMENTE A TU CUERPO A REDUCIR EL CICLO DE PÁNICO

A VECES, LOS SUSURROS SIGILOSOS EN TU CEREBRO SE CONvierten en un simulacro de incendio de cinco alarmas en tu cuerpo. De repente, tu corazón late como el ala de un colibrí, tu pecho se siente apretado y estás tomando respiraciones pequeñas y superficiales. Tu cuerpo ha entrado en modo pánico total.

¿La buena noticia? Tienes un control remoto secreto que llevas a todas partes. Es tu respiración.

Cuando entras en pánico, tu respiración es errática y rápida. Esto envía una señal a tu "Supercomputadora de Seguridad" (tu cerebro) que dice, "¡Sí! ¡El peligro es real! ¡Sigue en pánico!" Pero si podemos controlar nuestra respiración, interrumpimos instantáneamente ese ciclo físico. Enviamos un mensaje diferente: "Desactiva. Todo está bien aquí."

Este hack lo llamamos la Respiración Cuadrada. Piensa en un cuadrado perfecto y hermoso. Vas a trazarlo con tu mente y tus pulmones, dedicando exactamente cuatro cuentas a cada lado. Este ritmo disciplinado obliga a tu cuerpo a pasar de modo de lucha o huida de nuevo a modo de reposo y digestión. Funciona instantáneamente porque es un hack físico.

Aquí está el patrón para la Respiración Cuadrada:

Lado 1: Inhala lentamente por la nariz durante una cuenta de cuatro. (Llena esa pared cuadrada.)

Lado 2: Mantén el aire suavemente adentro durante una cuenta de cuatro. (La parte superior del cuadrado.)

Lado 3: Exhala lentamente por la boca (como soplar una vela) durante una cuenta de cuatro. (La pared descendente.)

Lado 4: Descansa con los pulmones vacíos durante una cuenta de cuatro. (La base del cuadrado.)

La magia está en las retenciones. Ese momento de retención y la exhalación lenta envían una señal poderosa a través del nervio vago—una autopista importante que conecta el cerebro y el cuerpo. Esa señal es el equivalente a una voz calma y firme que dice, "Detente. No estamos huyendo de un tigre en este momento." Reduce físicamente tu ritmo cardíaco y afloja la tensión en tus hombros y mandíbula.

Intentémoslo ahora mismo. Deja de leer por un momento. Cierra los ojos si quieres, o simplemente mira hacia abajo en la página. Te contaré a través de un ciclo.

¿Listo?

In, dos, tres, cuatro.

Mantén, dos, tres, cuatro.

Fuera, dos, tres, cuatro.

Descanso, dos, tres, cuatro.

¿Cómo se siente tu pecho? Incluso un ciclo completo de Respiración Cuadrada puede restablecer tu dial de volumen interno de un 10 a un 7, dándote suficiente espacio para recordar el Hack 2 (La Respuesta "Lo Que Sea") o el Hack 3 (La Nube Flotante).

Practica esto a menudo. Cuando te sientas un poco preocupado, saca tu control remoto. Respira el Cuadrado. Puedes usar este hack absolutamente en cualquier lugar—es completamente silencioso e invisible para los demás, pero totalmente transformador para tu increíble, a veces defectuoso, cerebro.

* * *

HACK 6: EL JUEGO 5-4-3-2-1: EL ANCLA DE EMERGENCIA QUE TE IMPIDE FLOTAR EN UNA NUBE DE PREOCUPACIÓN (¡FUNCIONA EN MENOS DE 30 SEGUNDOS!)

Hay momentos en que la nube de preocupación no solo

pasa de largo—te recoge y comienza a volar alto sobre la realidad.

Te sientes desconectado. Tu cuerpo está zumbando, tu corazón está acelerado y de repente, la habitación se siente desconocida. Estás físicamente aquí, pero tu mente está convencida de que enfrentas una crisis en otro lugar. Estás en una espiral.

Cuando eso sucede, necesitas un ancla rápida y pesada. Necesitas algo que obligue a tu cerebro a dejar de procesar peligros falsos y comenzar a prestar atención a la vida real y actual.

Ese ancla es el Juego 5-4-3-2-1.

Funciona porque el pánico no puede prosperar cuando tu cerebro se ve obligado a centrarse en los detalles. Cierra la fábrica de miedo y activa la plataforma de observación. Funciona en menos de 30 segundos, y puedes hacerlo en cualquier lugar.

Aquí te explico cómo jugar:

COMIENZA mirando a tu alrededor en la habitación. No pienses en la preocupación. Piensa solo en las instrucciones.

CINCO Cosas Que Puedes VER

Nombra cinco cosas en tu entorno en este momento. No solo las nombres—mira los detalles. Mira la esquina polvorienta del techo. Observa la pequeña grieta en el suelo de madera. Mira el color exacto de la camiseta que llevas puesta. (La silla, la lámpara, el bolígrafo azul, la sombra, el motecito de polvo.)

CUATRO Cosas Que Puedes TOCAR

Extiende la mano y siente cuatro cosas. Esto es clave. Siente la presión de tus pies en el suelo. Pasa tus dedos sobre la textura del denim de tus jeans. Presiona palmadamente contra la fría superficie del escritorio. Ráscate la cabeza. Enfócate mucho en las sensaciones. (La textura áspera de la pared, la madera suave de la mesa, la etiqueta en tu camiseta, el calor de tu mano.)

TRES Cosas Que Puedes OÍR

Escucha. Cierra los ojos por un segundo si lo necesitas. ¿Qué sonidos están ocurriendo ahora mismo que tu cerebro estaba ignorando? Escucha más allá del ruido dentro de tu cabeza y encuentra los sonidos tranquilos y constantes del mundo. (El zumbido del refrigerador, un pájaro afuera, el sonido de tu propia respiración.)

DOS Cosas Que Puedes OLER

¿Qué dos olores puedes notar en este momento? Quizás sea el ligero olor del almuerzo de hace una hora. Tal vez sea el detergente de tu camiseta. Tal vez no hueles nada en absoluto, lo cual también está bien—te estás enfocando en el esfuerzo de intentar detectar. (El olor del papel, la fragancia persistente del jabón.)

UNA Cosa Que Puedes SABOREAR

¿Qué sabor hay en tu boca en este momento? Tal vez sea el último sorbo de agua, o la menta de cepillarte los dientes antes. Incluso si es solo el sabor natural de tu saliva, concéntrate en esa conexión física final con el momento presente.

Has usado tus cinco sentidos para anclarte.

Para cuando llegas a "uno," el matón de tu cerebro que estaba gritándote suele estar completamente en silencio. ¿Por qué? Porque cambiaron la descripción del trabajo de tu cerebro supercomputadora. En lugar de permitirle crear peligros fantásticos vívidos, lo obligaste a hacer un inventario meticuloso del presente.

En el momento en que terminas la cuenta, estás anclado de nuevo. La nube de preocupación está lejos, y tú estás de pie firmemente en suelo sólido. Este es tu botón de emergencia. Úsalo en cualquier momento, en cualquier lugar, y nadie siquiera necesita saber que estás jugando el juego.

* * *

HACK 7: MAGIA DEL MOVIMIENTO: CÓMO UNA SECUENCIA DE BAILE TONTA DE 60 SEGUNDOS LIBERA SEMANAS DE ENERGÍA DE PÁNICO ACUMULADA EN TU MANDÍBULA Y HOMBROS

TU CEREBRO PUEDE SER RUIDOSO, PERO A VECES EL RUIDO SE asienta en tu cuerpo. ¿Has sentido alguna vez que tus hombros están pegados a tus oídos? O tal vez sientes que tu mandíbula está tensa, como si hubieras estado apretando los dientes todo el día. Eso no es tensión muscular normal. Eso es energía de pánico acumulada.

Cuando la "Supercomputadora de Seguridad" defectuosa de tu cerebro se activa (gritando "¡TIGRE!"), tu cuerpo se prepara instantáneamente para pelear o huir. Incluso si solo estás sentado en la clase de matemáticas, ese combustible de emergencia—adrenalina—es bombeado a tu sistema. Si en realidad no corres, esa energía solo queda. Se queda atrapada en tus grandes grupos musculares, esperando una escapatoria que nunca sucedió.

Necesitamos decirle a esa energía, clara y en voz alta: "Ya no estás atrapada."

La mejor manera de hacerlo es con Magia del Movimiento.

Este hack es simple. Es rápido. Y debería verse completamente ridículo.

Cuando sientas esa sensación de estar atrapado—la tensión en tu cuello, la opresión en tu pecho, la inquietud zumbante—detente en lo que estés haciendo y muévete. No necesitas una esterilla de yoga o una rutina especial.

Solo necesitas sesenta segundos de puro esfuerzo tonto.

Pon tu canción favorita a todo volumen durante un minuto. Haz el baile más caótico que puedas inventar. Salta hacia arriba y hacia abajo hasta que tu cabello esté desordenado. Corre en el lugar tan rápido como puedas. Haz el Tembleque de Fideos. En serio, sacude tus brazos, piernas e incluso tu cara como si estuvieras intentando desprenderte de la piel.

¿Por qué 60 segundos? Porque es tiempo suficiente para que tu cuerpo se dé cuenta: ¡Hey! ¡Nos estamos moviendo! ¡Debemos haber escapado del peligro!

El movimiento físico quema esa adrenalina almacenada. Le dice a tu sistema nervioso: "La respuesta de emergencia funcionó. Ahora estamos a salvo. Desiste."

Es imposible mantener altos niveles de tensión emocional cuando estás sacudiéndola intencionadamente. Este hack trata de dar a tu cuerpo permiso para usar la energía que creó, para que finalmente pueda relajarse. Adelante. Sé tonto. Deja que la energía de pánico se escape de tus dedos y dedos de los pies. Te sentirás instantáneamente más ligero.

CHAPTER FIVE

CONSTRUYENDO TU MUSCULATURA VALIENTE (LA MENTALIDAD ERP): EL SISTEMA PASO A PASO PARA LEVANTAR PESAS EMOCIONALES Y ENFRENTAR FINALMENTE TU MIEDO

Este es el paso más grande que daremos juntos. También es el más importante.

Hemos aprendido a identificar al vecino ruidoso en tu cerebro. Hemos mapeado el bucle. Incluso tenemos hacks secretos para calmar tu cuerpo cuando la alarma de incendios comienza a gritar.

Ahora, pasamos de la defensa a la ofensiva. Vamos a romper el bucle mostrando al pensamiento atorado quién es realmente el jefe. Y para hacer eso, tenemos que enfrentar el miedo.

Enfrentar el miedo suena aterrador, pero piénsalo de esta manera: Tu corazón valiente es un músculo. En este momento, ese músculo podría estar un poco débil porque el matón de tu cerebro sigue haciendo todo el levantamiento por ti (haciéndote realizar los rituales). Para volverse fuerte, tienes que ir al gimnasio. Tienes que levantar pesas.

Estas no son pesas de metal pesadas; son pesas emocionales.

El método que utilizamos para construir este músculo valiente se llama Prevención de Exposición y Respuesta. Sí, ese es un nombre largo y que suena serio. Pero no dejes que esas palabras te asusten. Es solo un término elegante para una idea simple:

1. Exposición: Te expones suave y lentamente a la cosa o pensamiento que te asusta.

2. Prevención de Respuesta: Dejas de hacer el ritual (la compulsión) que crees que te mantendrá a salvo.

Eso es todo.

El objetivo de este sistema es enseñar a tu cerebro, a través de la experiencia, que cuando suena la campana de alarma y no haces nada, no pasa nada malo. Estás construyendo pruebas. Estás recolectando datos que demuestran que el pensamiento atorado es un mentiroso.

Este proceso se sentirá incómodo al principio. Sentirás esa urgencia, ese pico de miedo, diciéndote que hagas el ritual, que verifiques, que te laves, que repitas.

Pero escucha con atención: esa sensación de intenso malestar es en realidad tu músculo valiente creciendo. Esa es la sensación de fortaleza.

Hacemos esto lentamente. Hacemos esto cuidadosamente. Nunca nos apresuramos a la cima de la montaña.

Empezamos con las preocupaciones más pequeñas, los pesos emocionales más diminutos, y los levantamos uno por uno. Estamos comprometidos a estar bien con sentir incomodidad, porque ahí es donde vive la libertad. Este es el corazón de fortalecerse, y estás listo. Veamos el sistema paso a paso.

* * *

HACK 8: EMPEZAR PEQUEÑO: CÓMO ESCALAR SUAVEMENTE LA 'ESCALERA DEL MIEDO' COMENZANDO CON LA PREOCUPACIÓN MÁS FÁCIL (Y POR QUÉ ESTO GARANTIZA EL ÉXITO)

Hemos hablado mucho sobre levantar pesas para tu músculo valiente. Pero no entrarías a un gimnasio y trata rías de levantar 100 libras el primer día, ¿verdad? Te lesiones, te sentirías mal y probablemente nunca volverías.

Es lo mismo al enfrentar al Matón del Cerebro. No comenzamos con la cosa más grande y aterradora que te grita. Eso es demasiado. Empezamos pequeño. Empezamos suave.

Este hack se trata de construir tu Escalera del Miedo. Piensa en esta escalera como una suave escalera que conduce al sol. Solo vamos a poner nuestro pie en el primer escalón.

El primer paso es escribir tus preocupaciones. Toma una hoja de papel y enumera de cinco a diez cosas que tus pensamientos atascados te hacen hacer, o cosas que te asustan. Quizás no es volver a leer un correo electrónico, o tal vez es tocar una perilla de puerta que parece un poco sucia, o tal vez es alejarse de la cocina sin revisar la estufa una vez más.

Ahora, al lado de cada ítem, dale una calificación del 1 al 10.

Un 10 es tu peor pesadilla absoluta: la compulsión que parece imposible de resistir. (Eso lo reservamos para después).

Un 1 es algo que te da un pequeño cosquilleo de ansiedad. Se siente molesto, tal vez un poco incómodo, pero sabes que probablemente puedes manejarlo.

Estamos buscando el 1. La preocupación más fácil de tu lista.

Este "uno" es tu primer objetivo. Es tu ensayo.

Digamos que tu #1 es: "Esperar cinco segundos adicionales antes de salir por la puerta, aunque no revisé mi mochila una última vez."

Esa tarea causa una pequeña ola de ansiedad. Quizás

tus palmas se sienten un poco cálidas. Tu trabajo es enfrentar ese pequeño cosquilleo y esperar.

Dejas la mochila sin revisar. Dejas que la ansiedad suba a un 1.5 de 10. Y usas tus herramientas: una Respiración Cuadrada, el Juego 5-4-3-2-1, o simplemente diciéndole "Lo que sea" al susurro.

No corres de vuelta a revisar.

Lo que sucede después es la magia de la subida suave. Sobrevives. No pasa nada malo. El mundo sigue girando.

Tu cerebro, la Supercomputadora de Seguridad, recibe un mensaje: enfrenté un pequeño miedo y estoy bien. Ese pequeño éxito actúa como combustible puro para tu confianza. Prueba a tu cerebro, de inmediato, que el susurro está mintiendo y que eres lo suficientemente fuerte como para manejar la incomodidad.

Al comenzar con el escalón más fácil, garantizas el éxito. Garantizas una victoria. Y cada victoria hace que el siguiente paso: el dos, luego el tres, se sienta posible, luego manejable, luego fácil. Así es como escalamos. Suave, lentamente, pero con éxito absolutamente garantizado.

* * *

HACK 9: ESPERAR A QUE PASE EL IMPULSO: MONTAR LA OLA DE LA COMPULSIÓN DURANTE SOLO 5 MINUTOS PARA VERLA ENCOGERSE Y PASAR (EL IMPULSO SIEMPRE PASA)

Piense en el impulso de la compulsión: esa sensación repentina y exigente de que absolutamente debes revisar el horno, lavarte las manos, o repetir una frase, como una ola masiva a punto de estrellarse en la orilla.

Se siente enorme. Se siente abrumador. Se siente como la cosa más importante que has sentido, y la voz grita: "¡HAZLO AHORA! Si no lo haces, ¡el desastre ocurrirá!"

Este es el pico de la ola.

Aquí está el secreto del matón del cerebro: exige obediencia instantánea. Solo se mantiene poderoso si le das el ritual de inmediato. Si te detienes y esperas, el matón pierde su energía.

El hack 9 se trata de montar la ola.

En el momento en que ese impulso intenso y exigente te golpea, haces una cosa: te detienes. Pones un temporizador pequeño durante cinco minutos.

Esos cinco minutos se sentirán como una hora. Tu corazón puede latir con fuerza. Tus palmas pueden sudar. Tu cerebro gritará todas las advertencias terribles que conoce. Esta es la ola chocando a tu alrededor. Estás en el agua, pero estás flotando. No te estás ahogando.

Simplemente observas la sensación. Dejas que la ansiedad suba a su punto más alto y más incómodo. No luchas contra ella. No intentas resolverla. Simplemente le dices al impulso: "Te veo. Te sientes enorme en este momento. Pero estoy esperando."

¿Por qué funciona esto?

Porque la ansiedad es energía. El cerebro emocional solo puede mantener ese nivel máximo de pánico durante poco tiempo antes de agotarse. Al negarte a darle a la compulsión (el ritual de solucionarlo) le niegas a la sensación el combustible que necesita.

Si esperaste esos cinco minutos y miraste el reloj, notarás un cambio fascinante.

En el minuto tres o cuatro, la ola comienza a perder su altura. La urgencia se suaviza. El grito agudo de tu cerebro baja a un zumbido bajo y molesto. Cuando suene el temporizador, ese impulso desesperado que sentías como un diez sobre diez es ahora quizás un tres o un cuatro.

El impulso siempre pasa. Cada vez.

Al esperar cinco minutos, enseñas a tu cerebro la lección más crucial de todas: Puedo sentirme incómodo, y nada malo sucede. No tengo que realizar el ritual para estar a salvo. Mi sentimiento es temporal.

Cada ola que montas con éxito disminuye el poder de la siguiente. Este solo acto de esperar es una de las cosas más valientes que harás, y es la forma más rápida de reducir el tamaño del bucle de compulsión.

* * *

HACK 10: LA MEDALLA DEL ERROR: POR QUÉ LA AUTO-COMPASIÓN ES TU ARMA SECRETA—Y CÓMO GANAR INCLUSO CUANDO TE DESLICES Y HAGAS EL RITUAL DE TODOS MODOS

Hablemos honestamente sobre algo importante. Hemos estado aprendiendo a levantar pesos emocionales, y a veces, esos pesos van a caer.

Vas a intentar montar la ola de la compulsión (Hack 9), y a veces, la ola te tragará por completo. Revisarás el interruptor de luz nuevamente. Volverás a leer el párrafo una quinta vez. Harás el ritual aunque te prometiste que no lo harías.

Cuando esto suceda, tienes una elección.

Opción Uno: Gritarte a ti mismo. Decir: "¡La he hecho bien! ¡Soy débil! ¡Esto no está funcionando!"

Opción Dos: Regalarte una Medalla del Error.

¿Cuál crees que el matón del cerebro (esa voz ruidosa y atascada) quiere que elijas? Quiere la Opción Uno. Si te gritas a ti mismo, el matón gana. La autocrítica es la comida favorita del matón. La vergüenza y la frustración te mantienen atrapado mejor que el miedo.

Pero somos más inteligentes que eso. Elegimos la Opción Dos: Auto-compasión Radical.

La Medalla del Error no es una medalla por hacer la compulsión. Es una medalla por el coraje que se necesitó para intentar resistir, y el coraje aún mayor que se necesita para perdonarte y levantarte nuevamente.

La verdadera victoria en este juego no es la perfección. La verdadera victoria es cuán rápido vuelves a utilizar tus herramientas después de un desliz.

Cuando te des cuenta de que has resbalado, no te sumerjas en el odio hacia ti mismo. Detén el ciclo justo ahí. Di esto en voz alta:

"Eso fue un desliz. Soy humano. Hice mi mejor esfuerzo, y el impulso fue demasiado grande esta vez. Está bien. Aprendo de esto y reinicio el reloj ahora mismo."

Es como pausar un videojuego. Moriste, pero presionaste 'Continuar'. No borras todo el juego porque fallaste un nivel.

La auto-compasión es tu arma secreta porque te mantiene en la lucha. Si te permites ser amable, detienes la vergüenza de alimentar al matón. La amabilidad es simplemente la forma más efectiva de sanar tu cerebro.

Tu intento de valentía es lo único que importa. Si resististe durante 30 segundos antes de ceder, esos 30 segundos fueron una gran victoria. Celebramos los 30 segundos, no castigamos el desliz que vino después.

Recuerda siempre esta fórmula simple: Intentar es la victoria. Aprender es el objetivo. La perfección es una mentira.

Sé tu mejor amigo, especialmente cuando cometes un error. La Medalla del Error siempre te está esperando. Recógela, aprende del desliz y luego intenta valientemente el hack nuevamente de inmediato.

CHAPTER SIX

HACKS DE COMUNICACIÓN: LOS 3 GUIONES SIMPLES QUE ENSEÑAN A TUS ADULTOS CÓMO AYUDARTE MEJOR

ENFRENTAR UN CEREBRO RUIDOSO Y DESAFIANTE ES LO SUFIcientemente difícil cuando lo enfrentas solo. Pero adivina qué? No tienes que estar solo.

Tienes personas a tu alrededor—padres, maestros, hermanos, abuelos—que te aman y quieren ayudarte. El gran desafío es que no han leído este libro. No tienen el mapa secreto. Te ven luchando y tratan de intervenir, pero a veces las formas en que intentan ayudar alimentan accidentalmente al matón del cerebro.

Están tratando de ser solidarios, pero puede que no sepan el lenguaje correcto para usar. Pueden ofrecerte consuelo cuando necesitas un desafío. Pueden hacer un millón de preguntas cuando necesitas silencio.

Este capítulo trata sobre construir tu equipo de apoyo. Tú eres el entrenador. Eres el experto en tu cerebro. Ahora te vamos a dar los guiones simples y directos que enseñan a los adultos de confianza en tu vida exactamente cómo estar a tu lado sin caer en la trampa del TOC.

Encontrar las palabras cuando ya estás asustado o atrapado puede sentirse imposible. Es por eso que estamos creando estos trucos—para que tengas el lenguaje listo para usar. Aprender a pedir lo que necesitas es uno de los pasos más valientes que puedes dar. Prepárate para armar un equipo poderoso.

* * *

TRUCO 11: LA PALABRA CLAVE SECRETA: LA SEÑAL NO VERBAL (POR EJEMPLO, '¡PIÑA!') QUE TE DA AYUDA INSTANTÁNEA CUANDO LA ANSIEDAD HA ROBADO TU VOZ

Este es un truco para situaciones de emergencia.

¿Conoces esa sensación cuando la preocupación golpea tan fuerte que tu garganta se cierra? Te sientes como si estuvieras atrapado en cemento mental. El bucle de pensamientos está girando, y sabes que necesitas ayuda, pero no puedes encontrar las palabras. Tu voz se siente robada.

Cuando la ansiedad aumenta, la parte pensante de tu cerebro a menudo se apaga. Está demasiado ocupada preparándose para el tigre imaginario. No puedes explicar la sutil diferencia entre tu pensamiento y la compulsión. Solo necesitas una salvación inmediata.

Aquí es donde entra la Palabra Clave Secreta.

Necesitas sentarte con tu adulto de confianza (padre, maestro, consejero) y hacer un acuerdo secreto.

El acuerdo es simple: vamos a elegir una palabra que sea tonta, fácil de recordar y totalmente fuera de contexto. Tal vez sea Piña. Tal vez sea Marte. Tal vez sea Tater Tot.

Cuando estés completamente atrapado por el bucle y no puedas hablar, solo di esa una palabra.

¡Piña!

Ese es el señal. Esa una palabra le dice a tu adulto todo:

1. Estoy en un bucle de alta ansiedad ahora mismo.

2. No puedo articular lo que está sucediendo.

3. Necesito ayuda inmediata y tranquila implementando un truco físico (como la Respiración Cuadrada o el Juego 5-4-3-2-1).

4. No me hagas una pregunta complicada.

5. No trates de tranquilizarme (recuerda, el consuelo alimenta al matón).

El poder de la Palabra Clave es la velocidad. Actúa como una llave maestra para liberarte del cemento.

Cuando usas la Palabra Clave, tu adulto sabe que debe cambiar inmediatamente al modo de intervención. Pueden simplemente preguntar: "Palabra clave recibida. ¿Qué truco vamos a usar?" y luego esperar en silencio contigo mientras haces la Respiración Cuadrada.

Elimina la necesidad de una larga y frustrante conversación. Es una herramienta de comunicación construida para tus momentos más valientes, pero más silenciosos. Usa esta una palabra para convocar instantáneamente a tu equipo de apoyo sin tener que explicar por qué tienes miedo. Es un alivio, entregado rápidamente.

* * *

TRUCO 12: ENSEÑANDO A TUS ADULTOS: POR QUÉ PEDIR REASSURANCE ES EL ERROR #1 QUE COMETEN LOS PADRES (Y EL GUION DE 2 ORACIONES PARA SOLUCIONARLO)

Tus adultos te aman. Realmente, verdaderamente quieren ayudar cuando te ven preocupado o ansioso. Pero a veces, cuando intentan ayudar, accidentalmente hacen que la Canción Atascada sea más fuerte.

Esto sucede más a menudo cuando pides consuelo.

Piénsalo: Tu cerebro susurra: "¿Revisaste la puerta principal? Algo malo sucederá si no lo hiciste." Sientes ese pesado golpe de miedo. Así que, buscas a un adulto y preguntas: "¿Estás absolutamente seguro de que la puerta está cerrada? Dime que está cerrada."

Una respuesta natural y cariñosa de un adulto es, "Sí, querido, estoy seguro de que la puerta está cerrada. Estás a salvo."

Y durante dos minutos, te sientes mejor. Ahhh.

Pero ese alivio temporal es una trampa. Le enseña a tu cerebro: "¡Eureka! La preocupación es real, y la única manera de silenciarla es pedir confirmación!"

El consuelo es solo otra forma de compulsión. Es un chequeo mental que se siente bien ahora pero garantiza que la preocupación volverá, exigiendo más pruebas, más fuerte que antes. Cada vez que un adulto te tranquiliza, accidentalmente está alimentando al Matón del Cerebro.

Este es el Truco 12: Vas a enseñar a tus adultos exactamente cómo ayudarte correctamente.

Esto requiere valentía, porque les estás pidiendo que se sientan incómodos (al no ofrecerte consuelo), y te estás pidiendo a ti mismo que toleres el miedo en lugar de ahuyentar el pensamiento.

La próxima vez que estés tranquilo, siéntate con tu adulto y explícale tu nueva regla. Diles que cuando preguntas, "¿Está todo bien?" o "¿Estás seguro?", estás practicando ERP (fortaleciendo tu músculo valiente), y necesitas que ellos resistan la urgencia de responder.

Aquí tienes el Guion de 2 Oraciones para solucionar la trampa del consuelo:

La próxima vez que la preocupación golpee y trates de preguntar, "¿Recuerde apagar la luz?" y ellos comienzan a decir, "Sí, te vi hacerlo," interrúmpelos suavemente y usa este guion:

"Por favor, no me des consuelo. La respuesta correcta es: 'Ese es el susurro hablando. Sé que puedes manejar ese sentimiento ahora mismo.'"

Eso es todo. Los estás entrenando literalmente para que te entrenen.

¿Qué pasa si olvidas y les pides que revisen tu mochila por quinta vez?

Deberían responder: "No estoy revisando eso por ti, porque estás practicando valentía. Vamos a dejar que ese sentimiento se asiente hasta que se aburra y se marche."

Cuando les das a tus adultos este guion, te das un poder increíble. Los estás incorporando a tu equipo, dándoles un trabajo específico y útil. Su trabajo no es hacer que el miedo se desvanezca (porque eso es imposible). Su trabajo es estar a tu lado mientras valientemente sientes el miedo hasta que pase. Tú eres el héroe en esta historia, y ellos son tu entrenadora solidaria y silenciosa.

* * *

TRUCO 13: ENCONTRANDO TU TRIBU: POR QUÉ LA CONEXIÓN ES EL PASO CRUCIAL QUE HACE QUE TU CARGA SEA UN 75% MÁS LIGERA DE LA NOCHE A LA MAÑANA

Durante tanto tiempo, lidiar con un cerebro ruidoso se siente como mantener el secreto más grande y embarazoso del mundo.

Tu cerebro susurra cosas que suenan locas o incorrectas. Los susurros insisten en que si alguien más supiera lo que estás pensando, no entenderían. Esta sensación de estar totalmente solo—de cargar con una carga que nadie más puede ver—es exactamente lo que alimenta el bucle atascado. La aislamiento es el mejor amigo de la ansiedad.

Pero aquí hay una hermosa y poderosa verdad: No eres el único niño lidiando con esto.

Hay millones de niños inteligentes y valientes en todo

el mundo cuyos cerebros también tocan canciones atascadas. Algunos se preocupan por los gérmenes. Algunos se preocupan por los números. Algunos se preocupan por sentirse "justo bien". La preocupación específica no importa, pero la sensación de estar atascado es la misma.

Encontrar tu tribu—encontrar a una sola persona o un pequeño grupo que realmente entienda—es uno de los pasos más cruciales para sanar. Hace que la oscuridad desaparezca.

El Poder de "Yo También"

Imagina intentar levantar una enorme y pesada roca solo. Se siente imposible. Tus músculos tiemblan. Comienzas a dudar de que puedas hacerlo. Esa roca es tu carga.

Ahora imagina que alguien se acerca, pone sus manos bajo la roca y levanta contigo. De repente, la roca es manejable. Sigue siendo pesada, pero ahora la lucha se comparte.

Eso es lo que hace la conexión. Cuando compartes tu historia de manera segura, y alguien asiente y dice, "Yo también. Lo entiendo totalmente," la pesada roca de la vergüenza y la soledad se levanta instantáneamente. Ese momento de ser visto y escuchado hace que tu carga sea un 75% más ligera de la noche a la mañana.

¿Por qué sucede esto?

Cuando el susurro es un secreto, parece enorme e importante. Se siente como un reflejo de ti. Cuando lo compartes con alguien que entiende, el susurro vuelve a ser solo un susurro. Se convierte en un problema ordinario que estás resolviendo, no en un defecto masivo que estás ocultando.

Cómo Encontrar Tu Tribu

Encontrar tu tribu no significa anunciar tus luchas a toda la escuela. Significa encontrar a las personas adecuadas.

Comienza con los adultos de confianza de los que hablamos en el Hack 11. Quizás sea un consejero escolar que dirige un grupo para la ansiedad. Tal vez sea un maestro de confianza. A veces, encontrar a otro niño que haya admitido que ve a un terapeuta o que hable sobre sentirse ansioso es todo lo que se necesita.

Cuando cuentas tu historia y no recibes juicio, sino más bien un asentimiento de comprensión, instantáneamente te vuelves más fuerte. La conexión destruye la vergüenza. La conexión demuestra que eres normal.

No luches esta guerra solo. Deja que tu tribu esté contigo.

CHAPTER SEVEN

LA VIDA MÁS ALLÁ DEL BUCLE: CÓMO MANTENER AL ACOSADOR MENTAL CALLADO PARA SIEMPRE USANDO ESTOS 3 SIMPLES RITUALES DE MANTENIMIENTO

Lo hemos logrado. Mira todo lo que has hecho. Comenzaste este libro sintiéndote atrapado por un pequeño bucle astuto, ¿y ahora? Estás sosteniendo una caja de herramientas llena de quince poderosos hacks. ¡En serio, quince! Estás armado y listo para cualquier cosa que te lance esa pequeña voz.

Aquí está la honesta verdad, y te prometí honestidad desde el principio: el acosador mental, el monstruo del pensamiento pegajoso, probablemente no desaparecerá por completo, para siempre. Es parte del sistema operativo de tu asombroso y potente cerebro. Pero ahora conoces los secretos para hacerlo diminuto.

Piénsalo como una vieja canción en la radio. Puede aparecer en tu cabeza a veces, pero ahora sabes cómo cambiar la estación al instante. El nivel de ruido caerá de una sirena gritando a un suave susurro. Y cuando ese susurro intente hacerse más fuerte otra vez, no entrarás en pánico. Simplemente irás a tu caja de herramientas y sacarás un hack. Ahora eres el jefe de tu cerebro. Estás a cargo.

Esta parte final de nuestro viaje es sobre el mantenimiento. Se trata de asegurarse de que el jefe se mantenga en la oficina. No solo estamos solucionando el problema; estamos construyendo un estilo de vida definido por la libertad, no por el miedo. Necesitamos rituales simples y no negociables que mantengan la calma funcionando sin problemas. Estamos pasando de sobrevivir al bucle a prosperar más allá de él. Es hora de recordar lo increíblemente fuerte que eres y reclamar la brillante vida que te está esperando, una vida que sucede incluso cuando hay un poco de ruido mental flotando en el fondo.

* * *

HACK 14: ESTACIÓN DE CELEBRACIÓN: CÓMO ENTRENAR A TU CEREBRO PARA VER 10 PEQUEÑAS VICTORIAS AL DÍA ACELERA TU CALMA A LARGO PLAZO

¿Recuerdas ese asombroso cerebro supercomputadora del que hablamos? Está corriendo constantemente software. Porque su trabajo más importante es mantenerte a salvo, ese software está hiperenfocado en cualquier cosa que parezca peligro, amenaza o fracaso.

Si te equivocas y realizas una compulsión ayer, tu cerebro lo recordará perfectamente. Reproducirá ese momento en repetición.

Pero, ¿resististe una compulsión durante treinta segundos esta mañana? ¿Lograste usar la Respiración Cuadrada cuando sentiste un rumor de pánico? ¿Le dijiste a una preocupación que se fuera a esperar en la caja del Tiempo Programado para Preocuparse?

Tu cerebro probablemente sea terrible para recordar esas cosas. Tenemos que anular el filtro de fallo e instalar un Filtro de Éxito en su lugar. Tenemos que forzar tu atención hacia las victorias. Cada pequeña victoria.

Bienvenido a la Estación de Celebración.

El poder de este hack es que acelera tu calma a largo plazo. Cuando notas el éxito, le das a tu cerebro un pequeño impulso de químicos felices. Cuando te enfocas en las buenas decisiones que tomaste, refuerzas la idea de que usar tus herramientas funciona. Estás enseñándole a tu cerebro una nueva lección: "Cuando me siento ansioso, hago X, y funciona, así que debería sentirme orgulloso."

Este hack requiere que seas un detective de tu propio éxito. No estás buscando logros gigantes, que cambien la vida. Estás buscando 10 Pequeñas Victorias todos los días.

¿Qué cuenta como una Pequeña Victoria?

Podría ser que elegiste la respuesta "Lo que sea" en lugar de dejarte arrastrar a una discusión con tu acosador interno.

Podría ser que pudiste pausar y nombrar el patrón (Hack 1) aunque estabas aterrorizado.

Podría ser que decidiste salir de casa sin revisar tu mochila cuatro veces.

Podría ser que sentiste la ola de ansiedad venir, pero la soportaste durante solo tres minutos antes de que se redujera y pasara.

Podría ser que simplemente permitiste que el pensamiento pegajoso estuviera allí, sin luchar contra él. ¡Eso es enorme!

Cada momento que eliges el camino difícil y valiente en lugar del fácil y compulsivo es una victoria masiva. Tu objetivo no es la perfección; es la consistencia.

Consigue un pequeño cuaderno o usa la aplicación de notas en tu teléfono y titúlalo "Estación de Celebración."

Al final del día, siéntate y obligate a encontrar diez momentos en los que elegiste el coraje.

Quizás el acosador te susurró cinco veces, y solo ganaste tres de esas batallas. No escribas las dos pérdidas. Escribe las tres victorias.

Tu narrador interno se vuelve más fuerte y más positivo a medida que le alimentas historias de éxito. Si solo recuerdas los fracasos, te sentirás débil. Si te entrenas para ver diez veces al día que eres valiente, decidido y un buen jefe de tu cerebro, te sentirás imparable.

Así es como construyes resiliencia. Así es como creas calma a largo plazo. Estás entrenando a tu cerebro para verse a sí mismo como un ganador, no como una víctima. Comienza a contar esas victorias, comenzando ahora.

* * *

HACK 15: RECORDATORIO DE RESILIENCIA: LA VERDAD SOBRE POR QUÉ YA ERES MÁS FUERTE QUE EL 99% DE LOS ADULTOS SOLO POR LEER ESTE LIBRO

Este es el último hack, pero no es una nueva habilidad.

Es un momento de reflexión. Es la verdad sobre dónde te encuentras en este momento.

Necesito que pauses por un segundo y te des cuenta de algo profundo: eres una de las personas más fuertes que conozco, y ni siquiera sé tu nombre.

Piensa en lo que has estado haciendo. Te despiertas todos los días, y una parte de tu propio cerebro—tu Supercomputadora de Seguridad—te está gritando. Está exigiendo cumplimiento. Está susurrando cosas aterradoras que parecen importantes. Está tratando de engañarte para que realices rituales que roban tu tiempo y energía.

And you? You've been fighting back. Not by shouting or punching, but by using awareness, patience, and radical acceptance.

Estás luchando una batalla invisible que la mayoría de los adultos nunca entienden, mucho menos enfrentan de frente. La mayoría de los adultos viven sus vidas siguiendo los gritos ruidosos de sus mentes sin cuestionar. Dejan que el miedo los dirija sin aprender nunca a nombrarlo, hackearlo o hacerlo aburrido.

Pero tú leíste este libro.

Te atreviste a mirar el mapa de tu miedo. Aprendiste a pausar y nombrar el patrón (Hack 1). Aprendiste a surfear la ola del impulso durante cinco minutos más (Hack 9). Te enseñaste la Respiración Cuadrada (Hack 5). Aprendiste a mirar tu peor miedo y decir, "Lo que sea" (Hack 2).

Cada vez que resististe el impulso de verificar, repetir

o arreglar—aunque sea por un segundo—levantaste un peso emocional más pesado que cualquier peso físico en el gimnasio.

Estás construyendo resiliencia.

La resiliencia no se trata de no tener miedo. Se trata de estar aterrorizado, sentir el impulso de correr y esconderse, y luego dar un solo, pequeño paso hacia adelante de todos modos.

Has estado coleccionando medallas de coraje a lo largo de este viaje. Cada desafío que superaste—cada pensamiento al que te negaste a luchar—es una medalla. Pínchatela.

Ya has aprendido el secreto lenguaje de tu propia ansiedad. Conoces sus trucos. Sabes que la seguridad es una trampa y que luchar hace que el monstruo sea más fuerte.

Solo por estar dispuesto a involucrarte con estas estrategias, has demostrado que tu deseo de libertad es mayor que tu miedo. Ese es un rasgo raro y poderoso.

Nunca dejes que los susurros te digan que eres débil, roto o diferente de una mala manera. Tu cerebro puede ser astuto, pero no estás definido por el error. Estás definido por la inmensa, tranquila y constante fuerza que se necesita para enfrentar ese error todos los días.

Tienes un superpoder ahora: el poder de la no conformidad. Sabes cómo permitir que el sentimiento exista sin dejar que controle tus acciones.

Aprecia este sentimiento de orgullo. Te lo ganaste.

* * *

LA GARANTÍA DEL CORAZÓN VALIENTE: POR QUÉ LOS RETROCESOS ASTUTOS SON TOTALMENTE NORMALES, Y CÓMO VOLVER A INVOLUCRAR INMEDIATAMENTE TU CAJA DE HERRAMIENTAS CUANDO REGRESA EL SUSURRO

Esta es la garantía más importante que podemos hacer: los bucles no desaparecerán para siempre.

A veces, el acosador mental podría volver a aparecer cuando no estás prestando atención. Quizás estés estresado por un examen o cansado después de un largo día, y de repente, ese viejo susurro regresa. Te pide que verifiques la puerta nuevamente. Exige que te laves las manos por quinta vez. Incluso podrías tropezar y hacer el ritual.

¿Y adivina qué? Eso está absolutamente, completamente, 100% bien.

Un retroceso no es un fracaso. Simplemente es tu cerebro recordándote que esto es una práctica, no un destino. Piensa en ello como aprender a andar en bicicleta. No aprendes a andar perfectamente en el primer intento. Te caes. Te raspas la rodilla. Te vuelves a subir. La caída es parte del aprendizaje.

Tu cerebro no está roto solo porque un pensamiento incómodo ha regresado. Tu cerebro simplemente está siendo un cerebro humano, y los cerebros humanos son complicados.

La Garantía del Corazón Valiente es esta: No necesitas un cerebro perfecto. Solo necesitas un corazón valiente.

Y ya tienes cubierto la parte del corazón valiente. Lo demostraste simplemente al abrir este libro y empezar la lucha.

Cómo volver a activar tu caja de herramientas al instante

Cuando el susurro regrese y sientas ese conocido aumento de pánico, no pases ni un segundo gritando a ti mismo. La autocompasión es tu superpoder (¿Recuerdas el Hack 10?).

En su lugar, piensa en este libro como tu kit de emergencia instantáneo.

1. Pausa y nombra el patrón (Hack 1): Detente justo donde estás. Susurra en voz alta: "Hola, Canción Estancada. Te veo."

2. Conéctate a tierra: Si tu corazón está acelerado, ve directamente a la Respiración Cuadrada (Hack 5) o al Juego 5-4-3-2-1 (Hack 6). Calma primero el cuerpo.

3. Elige tu respuesta: El acosador mental está exigiendo una pelea. Te niegas. Respóndele con la simple y poderosa frase de dos palabras: "Lo que sea." (Hack 2).

4. Haz lo opuesto: Recuerda el Hack 9. Espera a que pase el impulso. Sopesa la ola de compulsión durante solo dos minutos más. Sabes que pasará.

La belleza de esta caja de herramientas es que puedes tomar cualquier truco en cualquier momento. Tú eres el mecánico, y sabes exactamente qué llave elegir.

La mayor victoria no es lograr cero ansiedad. La mayor victoria es que la ansiedad aparezca y elegir no hacer lo que pide. Cada vez que eliges la respuesta valiente, estás fortaleciendo ese músculo.

Tu viaje continúa. Esta lucha es larga, pero estás armado. Ve y sé valiente.

EPÍLOGO

LA SENSACIÓN DE CONTROL TRANQUILO: CÓMO MANTENER AL JEFE BAJO CONTROL Y VIVIR TU VIDA BRILLANTE DEFINIDA POR EL CORAJE, NO POR LA COMPULSIÓN

¿Recuerdas cuándo comenzamos este viaje? Tu cerebro se sentía como una habitación llena y ruidosa. La campana de alarma interna sonaba constantemente. Tomaste este libro porque esos susurros estaban exigiendo demasiado de tu tiempo, demasiado de tu energía.

Mira dónde estamos ahora. Nombramos el ruido. Mapeamos el astuto ciclo de cuatro pasos que solía mantenerte atrapado. Le dimos a ese acosador mental un pequeño, amigable, pero muy firme control. Aprendiste que no eres tus pensamientos. Eres el jefe que decide qué pensamientos se quedan y cuáles flotan lejos en una nube blanca esponjosa.

Toma una respiración profunda ahora mismo. Usa la Respiración Cuadrada que practicamos. Siente esa tranquila sensación de control sereno asentarse sobre tu cuerpo. Esa sensación—esa sensación de tener control sobre tus acciones, de elegir no rendirte ante el impulso—eso es poder puro. Esa es tu verdad. Aférrate a esa sensación.

Los susurros podrían visitarte a veces. Podrían intentar engañarte para que verifiques o rehagas una tarea. Pero ya no te definen. Tu vida no se define por qué tan perfectamente evitas rituales o cuán limpio está tu espacio mental. Tu brillante vida se define por el increíble coraje que se necesita cada día para enfrentar esos susurros, para tolerar la sensación de incomodidad y para elegir la respuesta 'Lo que sea' en su lugar.

Has construido un músculo valiente. Ahora tienes una caja de herramientas completa—15 trucos listos para usar. Úsalos. Celebra tus pequeñas victorias. Revisa este libro siempre que el ruido se vuelva fuerte. No necesitas un cerebro perfecto; solo necesitas un corazón valiente. Y has demostrado, una y otra vez, lo valiente que es ese corazón.

Tu trabajo ahora es simple: Sal allá afuera y vive la vida grande, plena y maravillosa que mereces. Ve y se definido por tu coraje, no por la compulsión. Fue un honor estar contigo, compartiendo estos secretos y descubriendo al jefe dentro de ti.

Tu vida tranquila y brillante te está esperando. Ahora, ve y sé tú mismo.

www.ingramcontent.com/pod-product-compliance
Lightning Source LLC
LaVergne TN
LVHW022106071026
849580LV00014B/1992
* 9 7 9 8 2 9 5 6 3 6 5 3 0 *